Impressum
Verlag: BABADADA GmbH, Nedderfeld 112 , 22529 Hamburg
Geschäftsführer / Verlagsleitung: Harald Hof
Druck: Books on Demand GmbH, In de Tarpen 42, 22848 Norderstedt

Imprint
Publisher: BABADADA GmbH, Nedderfeld 112 , 22529 Hamburg, Germany
Managing Director / Publishing direction: Harald Hof
Print: Books on Demand GmbH, In de Tarpen 42, 22848 Norderstedt, Germany

shkolla

sekolah

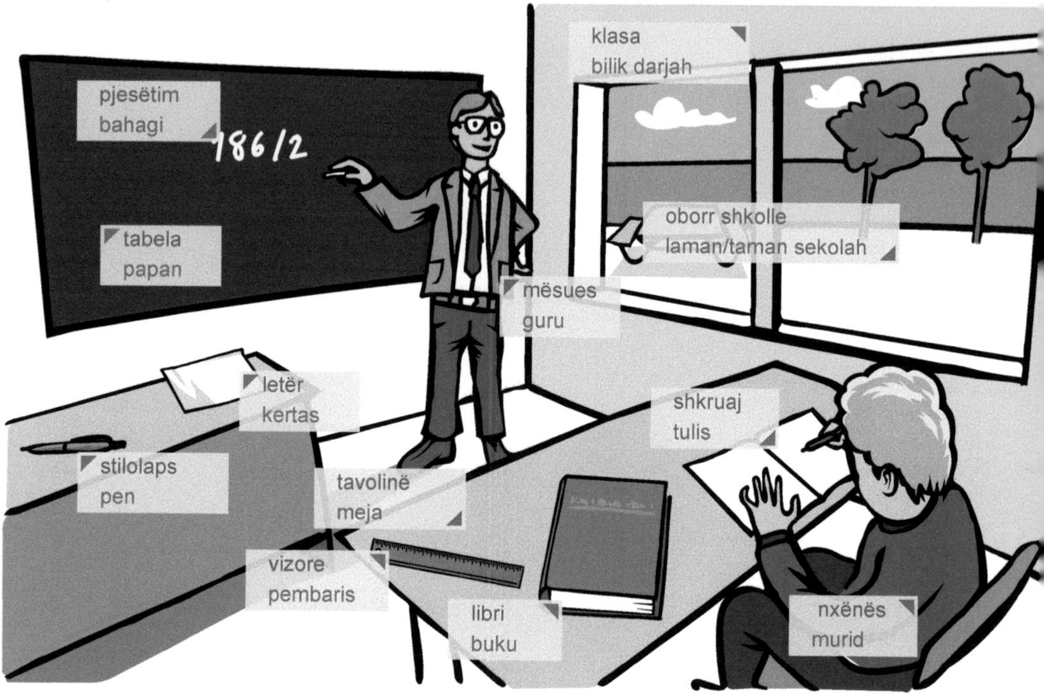

klasa
bilik darjah
pjesëtim
bahagi
186/2
tabela
papan
oborr shkolle
laman/taman sekolah
mësues
guru
letër
kertas
shkruaj
tulis
stilolaps
pen
tavolinë
meja
vizore
pembaris
libri
buku
nxënës
murid

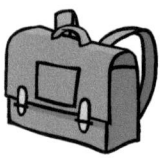

çantë

beg galas

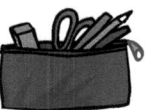

mbajtëse lapsash

kotak pensel

laps

pensel

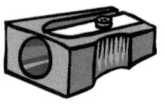

mprehës lapsash

pengasah pensel

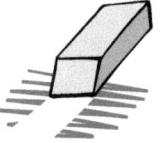

gomë

pemadam

fletore vizatimi

kertas lukisan

vizatim
melukis

penel
berus lukis

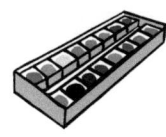

kuti bojërash
kotak warna

gërshërë
gunting

ngjitës
gam

fletore detyrash
buku latihan

detyrë shtëpie
kerja rumah

12

numër
nombor

2+2

mbledh
tambah

5-2

zbres
tolak

2×2

shumëzoj
darab

llogaris
kira

A

gërmë
huruf

**ABCDEFG
HIJKLMN
OPQRSTU
VWXYZ**

alfabeti
abjad

hello

fjalë
kata

tekst

teks

lexoj

baca

shkumës

kapur

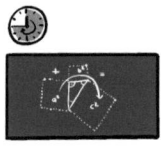

mësim

pelajaran

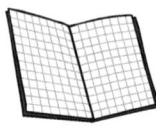

regjistër

daftar

provim

peperiksaan

çertifikatë

sijil

uniformë shkolle

uniform sekolah

arsimim

pendidikan

enciklopedia

ensiklopedia

universitet

universiti

mikroskop

mikroskop

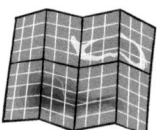

hartë

peta

kosh letrash

bakul sampah

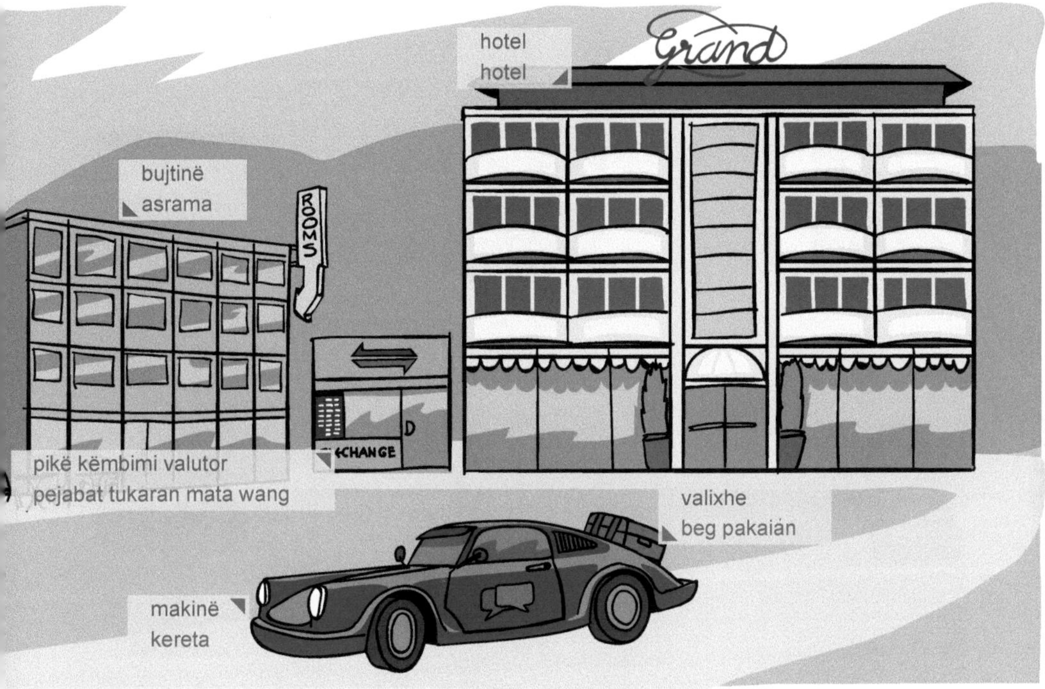

hotel
hotel
Grand
bujtinë
asrama
ROOMS
pikë këmbimi valutor
pejabat tukaran mata wang
valixhe
beg pakaian
makinë
kereta

gjuhë

bahasa

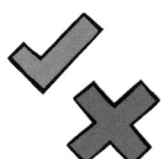

po / jo

ya / tidak

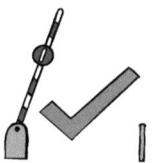

Në rregull

okey

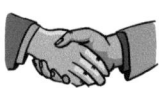

ç'kemi

helo

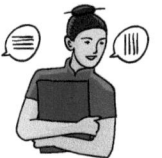

përkthyes

penterjemah

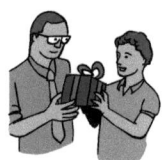

Faleminderit

Terima kasih

sa kushton...?

berapa banyak...?

nuk e kuptoj

saya tidak faham

problem

masalah

Mirëmbrëma!

Selamat petang!

Mirëmëngjes!

Selamat Pagi!

Natën e mirë!

Selamat Malam!

mirupafshim

selamat tinggal

drejtim

arah

bagazhet

bagasi

çantë

beg

çantë shpine

beg galas

mysafir

tetamu

dhomë

bilik tidur

thes gjumi

beg tidur

tendë

khemah

informacion për turistët

maklumat pelancong

plazh

pantai

kartë krediti

kad kredit

mëngjes

sarapan

drekë

makan tengah hari

darkë

makan malam

Biletë

tiket

ashensor

lif

pulla

setem

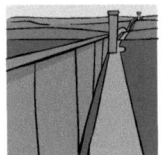

kufi

sempadan

doganë

kastam

ambasadë

kedutaan

vizë

visa

pasaportë

pasport

transport
pengangkutan

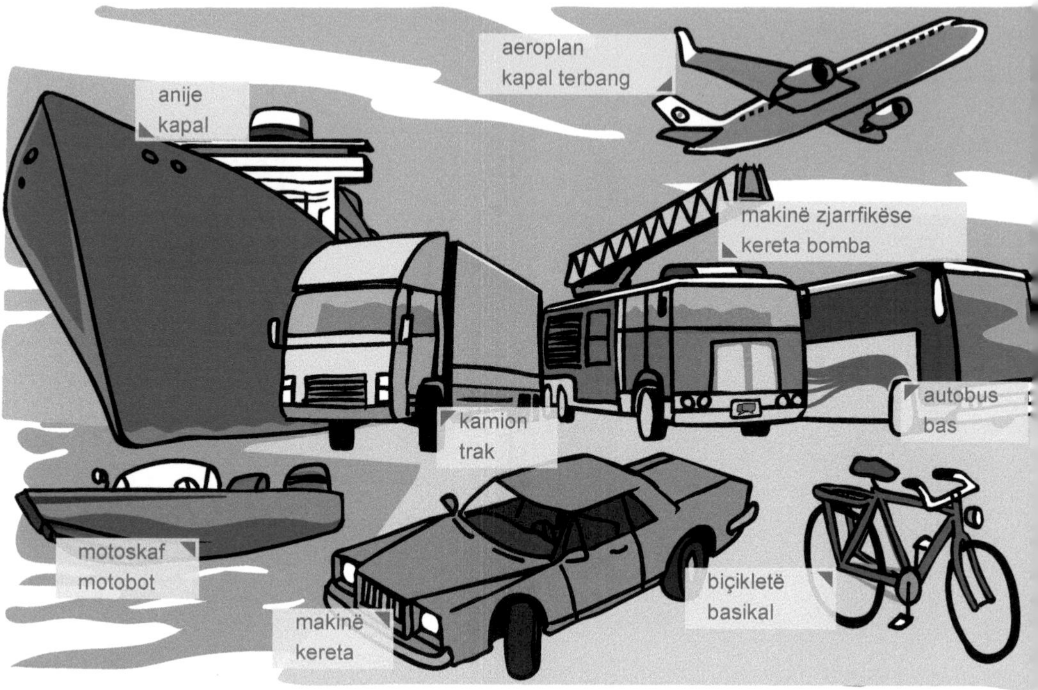
aeroplan
kapal terbang
anije
kapal
makinë zjarrfikëse
kereta bomba
autobus
bas
kamion
trak
motoskaf
motobot
biçikletë
basikal
makinë
kereta

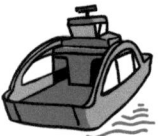

traget
feri

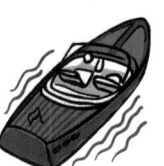

varkë
bot

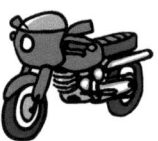

motoçikletë
motosikal

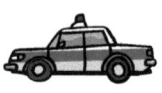

makinë policie
kereta polis

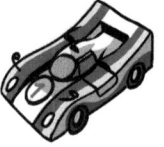

makinë garash
kereta lumba

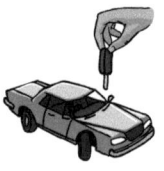

makinë me qira
kereta sewa

darje e qirasë së makinës
berkongsi kereta

karroatrec
trak tunda

makinë plehrash
trak menolak

motor
motor

benzinë
bahan api

pikë karburanti
stesen minyak

sinjalistikë trafiku
tanda trafik

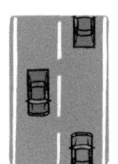

trafik
trafik

bllokim trafiku
kesesakan lalu lintas

parkim makinash
tempat parkir

stacion treni
stesen kereta api

trase
trek

tren
kereta api

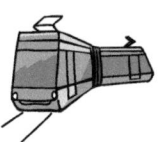

tramvaj
trem

karro
gerabak

helikopter

helikopter

aeroport

lapangan terbang

kullë

Menara

pasagjer

penumpang

kontenier

bekas

kuti kartoni

kadbod

qerre

kart

shportë

bakul

ngrihem / ulem

berlepas / mendarat

qytet

bandar

fshat

kampung

qendra e qytetit

pusat bandar

shtëpi

rumah

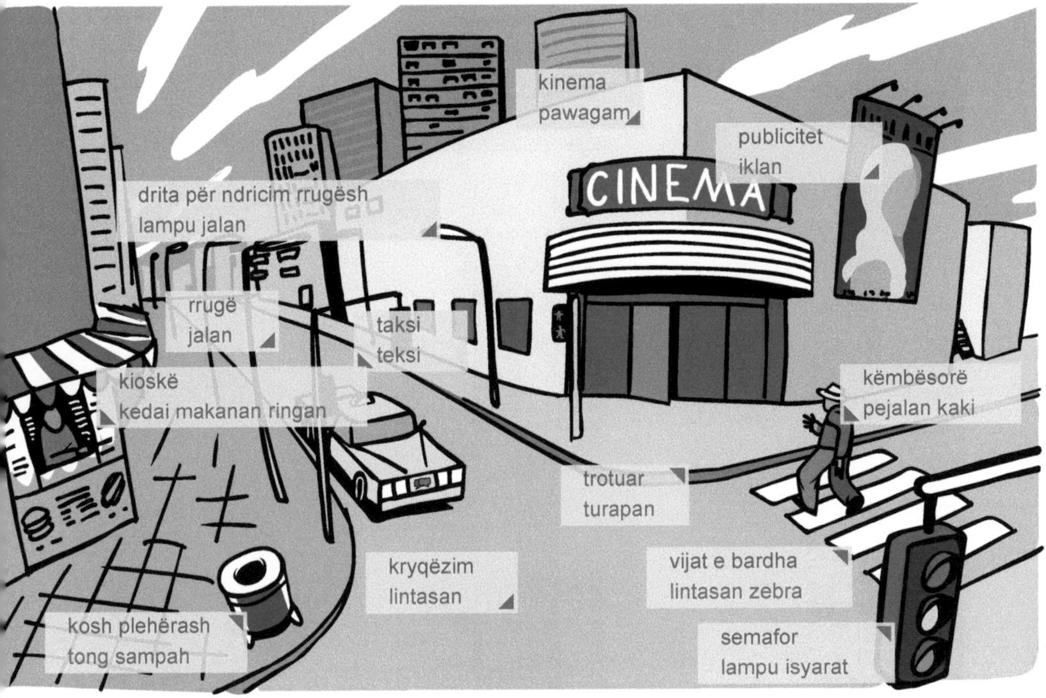

kinema
pawagam

publicitet
iklan

drita për ndricim rrugësh
lampu jalan

CINEMA

rrugë
jalan

taksi
teksi

kioskë
kedai makanan ringan

këmbësorë
pejalan kaki

trotuar
turapan

kryqëzim
lintasan

vijat e bardha
lintasan zebra

semafor
lampu isyarat

kosh plehërash
tong sampah

kasolle
....
pondok

apartament
....
flat

stacion treni
....
stesen kereta api

bashki
....
dewan bandar

muze
....
muzium

shkolla
....
sekolah

qytet - bandar

universitet

universiti

bankë

bank

spital

hospital

hotel

hotel

farmaci

farmasi

zyrë

pejabat

librari

kedai buku

dyqan

kedai

dyqan lulesh

kedai bunga

supermarket

pasar raya

market

pasaran

mapo

gedung

dyqan peshku

penjual ikan

qëndër tregtare

pusat membeli-belah

port

pelabuhan

park
taman

stol
bangku

urë
jambatan

shkallë
tangga

metro
bawah tanah

tunel
terowong

stacion autobuzi
hentian bas

bar
bar

restorant
restoran

kuti postare
peti surat

sinjalistikë rrugore
papan tanda jalan

kohëmatës parkimi
meter parkir

kopsht zoologjik
zoo

pishinë
kolam renang

xhami
masjid

fermë
ladang

ndotje
pencemaran

varrezë
tanah perkuburan

kishë
gereja

shesh lojërash
taman permainan

tempull
kuil

peisazh
landskap

gjethe
daun

tabela orientuese
tiang tanda

rrugë
jalan

livadh
padang rumput

gurë
batu

ekskursionist
pejalan kaki

pemë
pokok

lumë
sungai

bar
rumput

lule
bunga

luginë
lembah

kodër
bukit

liqen
tasik

pyll
hutan

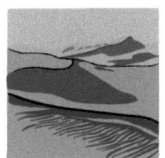

shkretëtirë
padang pasir

vullkan
gunung berapi

kështjellë
istana

ylber
pelangi

kepudhë
cendawan

palmë
pokok kelapa sawit

mushkonjë
nyamuk

mizë
terbang

milingonë
semut

bletë
lebah

merimangë
labah-labah

brumbull
kumbang

bretkosë
katak

ketër
tupai

iriq
landak

lepur
arnab

buf
burung hantu

zog
burung

mjellmë
angsa

derr i egër
babi jantan

dre
rusa

dre brilopatë
moose

digë
empangan

turbinë ere
turbin angin

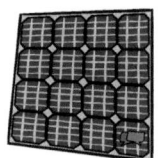

panel diellor
panel solar

klimë
iklim

restorant
restoran

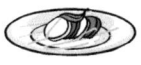

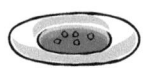

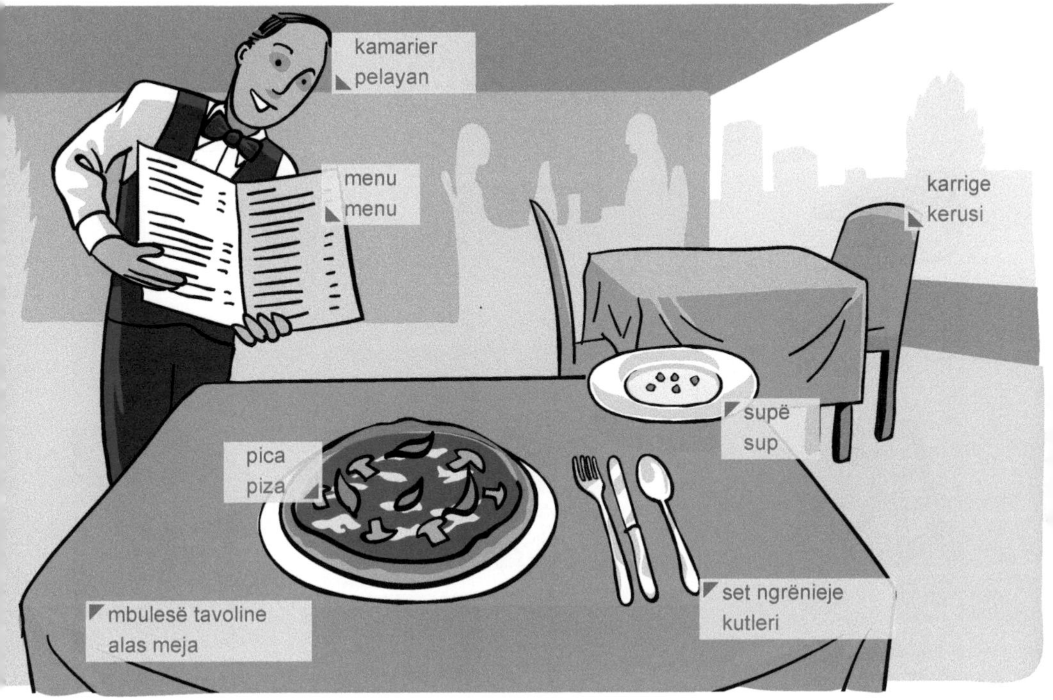
kamarier
pelayan
menu
menu
karrige
kerusi
supë
sup
pica
piza
mbulesë tavoline
alas meja
set ngrënieje
kutleri

pjatë e parë

pemula

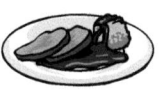

pjatë kryesore

hidangan utama

ëmbëlsirë

pencuci mulut

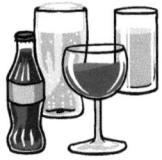

pije

minuman

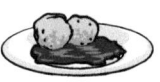

ushqim

makanan

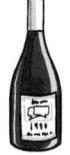

shishe

botol

ushqim i shpejtë

makanan segera

ushqim i shërbyer në rrugë

makanan jalanan

ibrik çaji

teko

kuti sheqeri

mangkuk gula

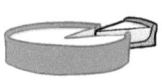

racion

bahagian

makinë kafeje ekspres

mesin espreso

karrige e lartë

kerusi tinggi

faturë

bil

tabaka

dulang

thika

pisau

pirun

garfu

lugë

sudu

lugë çaji

sudu teh

pecetë

serviette

gotë

gelas

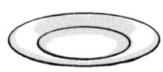

pjatë

pinggan

pjatë supe

mangkuk sup

pjatë filxhani

piring

salcë

sos

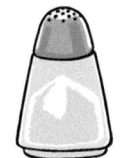

mbajtëse kripe

tempat garam

mulli piperi

pengisar lada

uthull

cuka

vaj

minyak

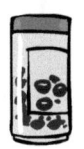

erëza

rempah

keçap

sos

mustardë

mustard

majonezë

mayones

restorant - restoran

19

supermarket

pasar raya

ofertë speciale
tawaran istimewa
klient
pelanggan
produkte bulmeti
tenusu
frut
buah-buahan
karrocë pazari
troli
FOR

BUTCHERS

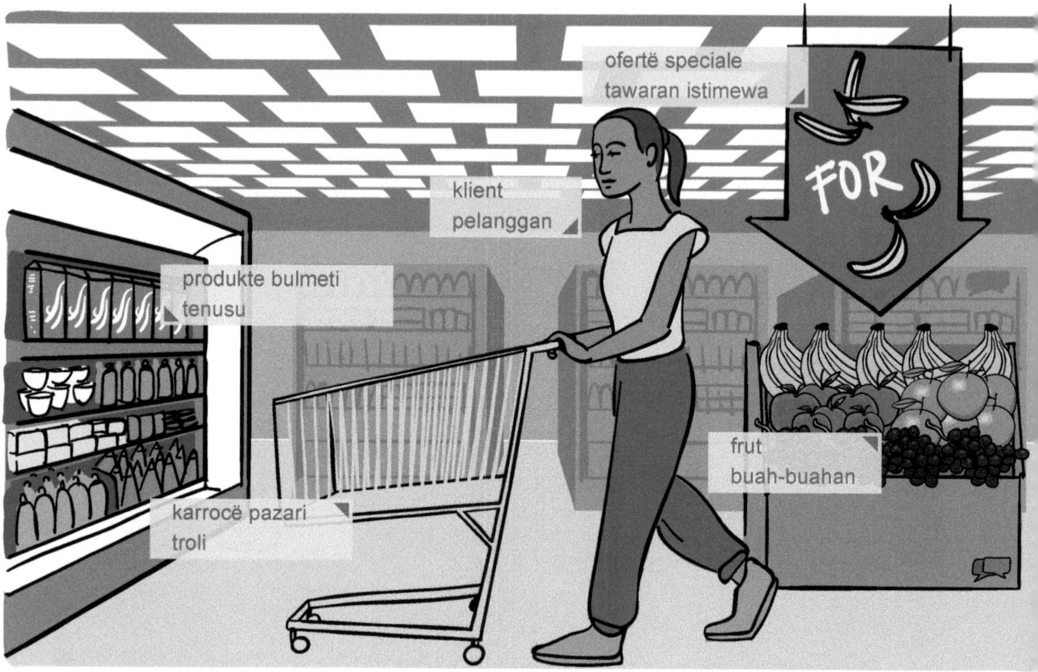

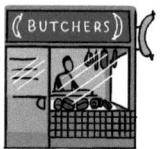

dyqan mishi

tukang daging

BAKERY

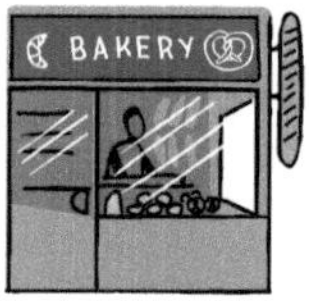

furrë buke

kedai roti

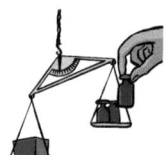

peshoj

berat

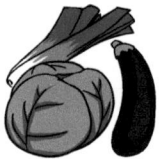

perime

sayur-sayuran

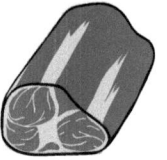

mish

daging

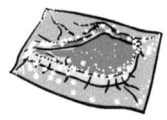

ushqim i ngrirë

makanan sejuk beku

copë

daging sejuk

ushqim i konservuar

makanan dalam tin

pluhur larës

serbuk pencuci

ëmbëlsirat

gula-gula

prodhime shtëpie

produk isi rumah

produkte pastrimi

produk pembersihan

shitëse

orang jualan

kasë fiskale

daftar tunai

arkëtar

juruwang

listë blerjeje

senarai membeli-belah

oraret e punës

waktu pembukaan

portofol

beg duit

kartë krediti

kad kredit

çantë

beg

qese plastike

beg plastik

ujë

air

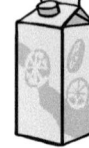

lëng frutash

jus

qumësht

susu

koka-kola

kola

verë

wain

birrë

bir

alkool

alkohol

kakao

koko

çaj

the

kafe

kopi

kafe ekspres

espreso

kapuçino

kapucino

banane

pisang

mollë

epal

portokalle

oren

pjepër

tembikai

limon

lemon

karrotë

lobak merah

hudhër

bawang putih

bambu

buluh

qepë

bawang

kërpudha

cendawan

arra

kacang

makarona

mi

spageti

spageti

oriz

nasi

sallatë

salad

patate të skuqura

kerepek

patate të skuqura

kentang goreng

pica

piza

hamburger

hamburger

sanduiç

sandwic

shnicel

kutlet

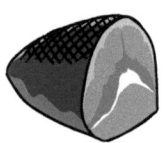

proshutë

ham

sallam

salami

salçiçe

sosej

pulë

ayam

skuq

panggang

peshk

ikan

tërshërë

bubur oat

drithëra

muesli

kornfleiks

emping jagung

miell

tepung

kruasant

kroisan

panine

roti roll

bukë

roti

tost

roti bakar

biskotë

biskut

gjalp

mentega

gjizë

dadih

tortë

kek

vezë

telur

vezë sy

telur goreng

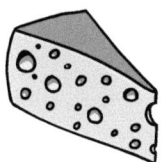

djathë

keju

ushqim - makanan

akullore

ais krim

sheqer

gula

mjaltë

madu

marmaladë

jem

çokokrem

krim nougat

këri

kari

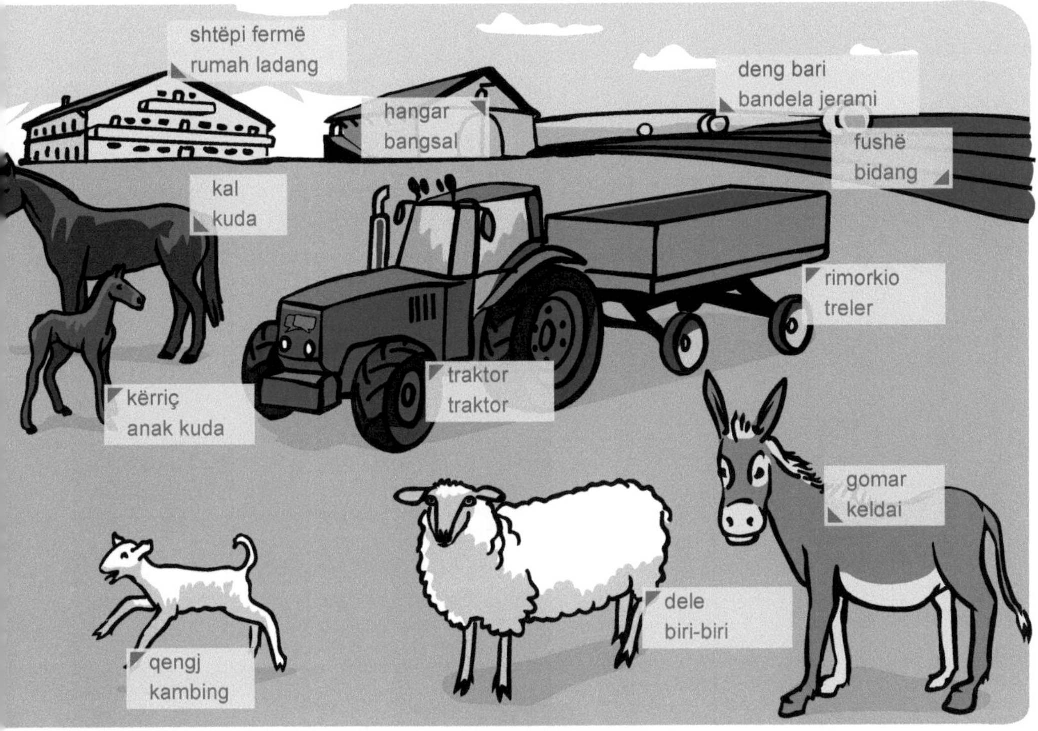

shtëpi fermë
rumah ladang

deng bari
bandela jerami

hangar
bangsal

fushë
bidang

kal
kuda

rimorkio
treler

kërriç
anak kuda

traktor
traktor

gomar
keldai

dele
biri-biri

qengj
kambing

dhi

kambing

lopë

lembu

viç

anak lembu

derr

babi

derrkuc

anak babi

dem

lembu

patë
angsa

rosë
itik

zog pule
anak ayam

pulë
ayam betina

gjel
ayam jantan muda

mi
tikus

mace
kucing

mi
tikus

buall
lembu jantan

qen
anjing

kolibe qeni
rumah anjing

zorrë vaditëse
hos taman

vaditëse
bekas siraman

kosë
sabit

plug
bajak

drapër
sabit

shat
cangkul

kosa
serampang peladang

sëpatë
kapak

karrocë
kereta sorong

govatë
palung

bidon qumështi
tin susu

thes
karung

gardh
pagar

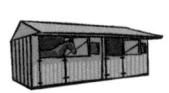

ahur
stabil

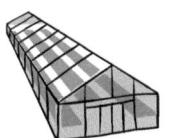

serë
rumah hijau

dhe
tanah

farë
benih

pleh
baja

autokombanjë
jentuai

 fermë - ladang

korr
tuai

te korrat
menuai

patate e ëmbël "Yam"
keladi

grurë
gandum

soja
soya

patate
kentang

misër
jagung

raps
biji sawi

pemë frutore
pokok buah-buahan

zhardhok manioku
ubi kayu

drithëra
bijirin

shtëpi
rumah

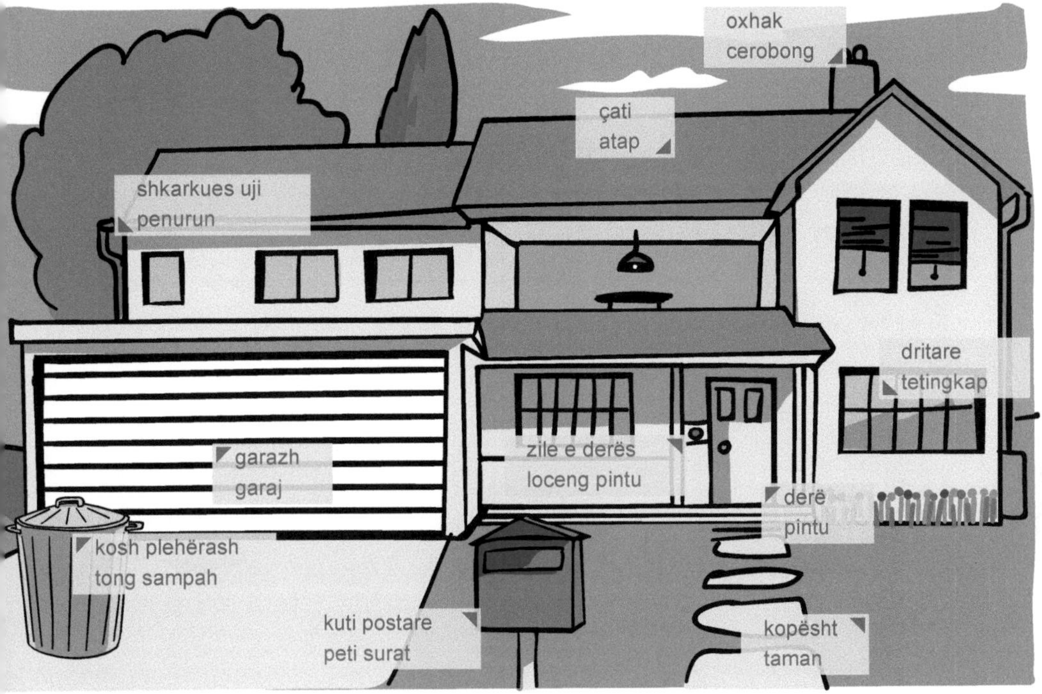

oxhak
cerobong
çati
atap
shkarkues uji
penurun
dritare
tetingkap
garazh
garaj
zile e derës
loceng pintu
derë
pintu
kosh plehërash
tong sampah
kuti postare
peti surat
kopësht
taman

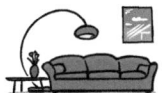

dhomë ndenjeje

ruang tamu

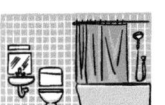

tualet

bilik air

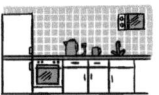

kuzhinë

dapur

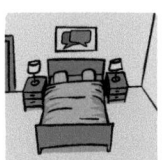

dhomë gjumi

bilik tidur

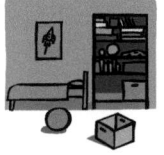

dhomë fëmijësh

bilik kanak-kanak

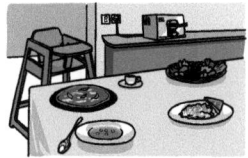

dhomë ngrënieje

ruang makan

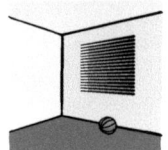

dysheme

lantai

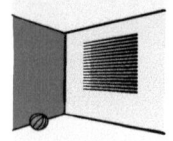

mur

dinding

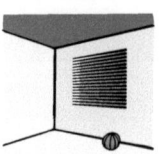

tavan

siling

bodrum

bilik bawah tanah

sauna

sauna

ballkon

balkoni

tarracë

teres

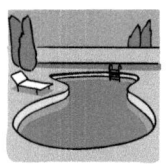

pishinë

kolam renang

kositëse bari

pemotong rumput

çarçaf

lembaran

kuvertë

penutup tilam

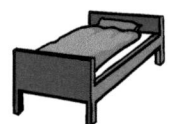

krevat

katil

fshesë dore

penyapu

kovë

timba

çelës

suis

dhomë ndenjeje

ruang tamu

tapiceri
kertas dinding
fotografi
gambar
llambë
lampu
raft
rak
dollap
kabinet
pajisje televizive
televisyen
vatër
pendiangan
lule
bunga
jastëk
kusyen
divan
sofa
vazo
pasu
telekomandë
alat kawalan jauh

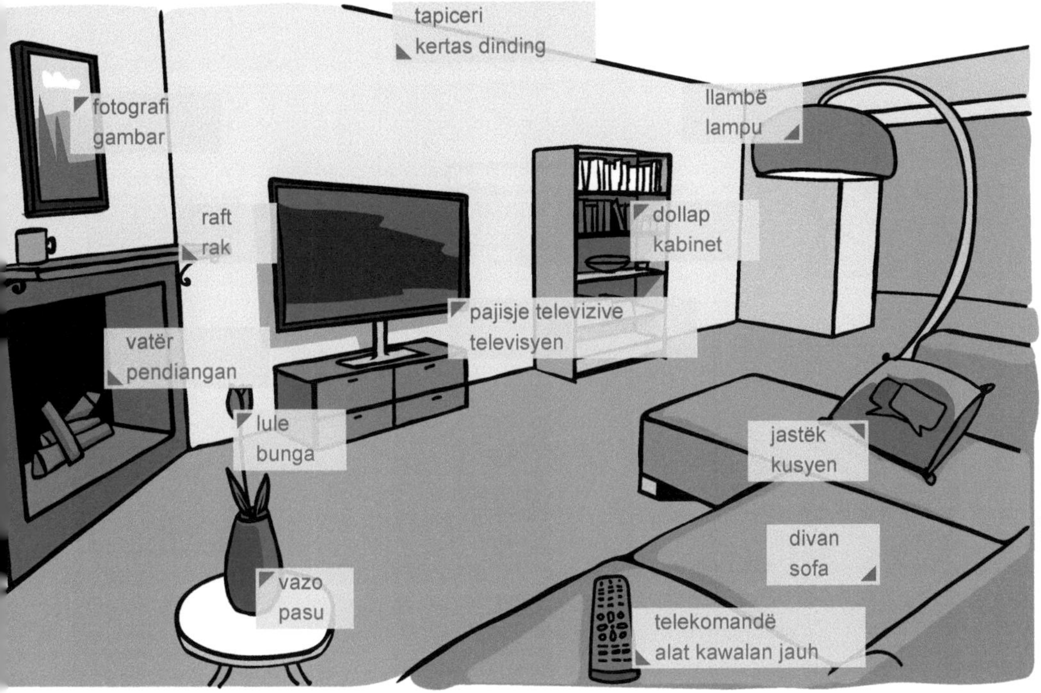

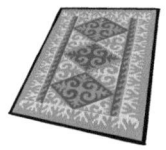

qilim
permaidani

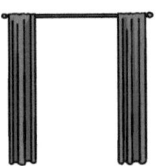

perde
tirai

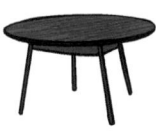

tavolinë
meja

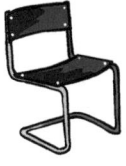

karrige
kerusi

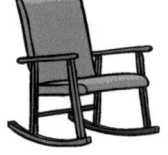

karrige lëkundëse
kerusi malas

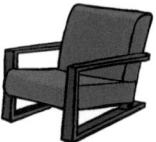

kolltuk
kerusi

libri

buku

batanije

selimut

zbukurime

hiasan

dru zjarri

kayu api

film

filem

stereo

hi-fi

çelës

kunci

gazetë

akhbar

pikturë

lukisan

afishe

poster

radio

radio

bllok shënimesh

buku catatan

fshesë me korent

penyedut habuk

kaktus

kaktus

qiri

lilin

kuzhinë
dapur

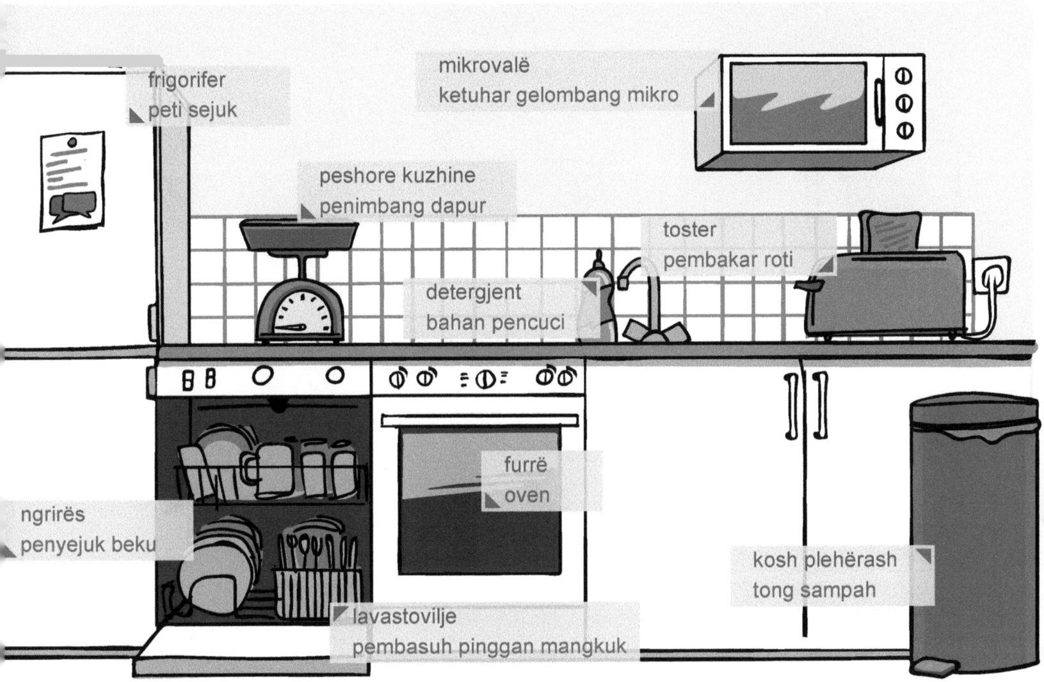
frigorifer
peti sejuk
mikrovalë
ketuhar gelombang mikro
peshore kuzhine
penimbang dapur
toster
pembakar roti
detergjent
bahan pencuci
furrë
oven
ngrirës
penyejuk beku
kosh plehërash
tong sampah
lavastovilje
pembasuh pinggan mangkuk

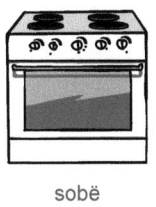

sobë

periuk dapur

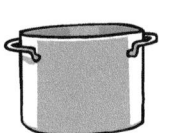

tenxhere

periuk

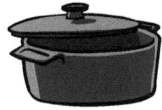

tenxhere me kapak

periuk besi

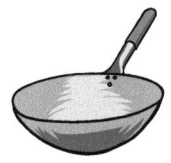

tigan special (Wok)

kuali

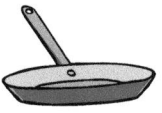

tigan

pan

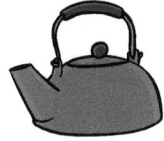

çajnik

cerek

tenxhere me avull

pengukus

tavë pjekjeje

dulang pembakar

enë

pinggan mangkuk

filxhan

koleh

tas

mangkuk

shkopinj

penyepit

garuzhde

senduk

spatul

spatula

tel kuzhine

pengadun

kulluese

penapis

sitë

ayak

rende

pemarut

havan

mortar

skarë

barbeku

zjarr

pembakaran terbuka

dërrasë për prerje

papan pencincang

okllai

pin golekan

heqëse tapash

skru gabus

kanaçe

tin

hapëse kanaçeje

pembuka tin

rrobë për të kapur
tenxheren
pemegang periuk

lavaman

sinki

furçë

berus

sfungjer

span

përzjerës

pengisar

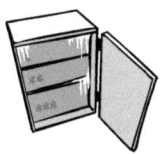

ngrirës

penyejuk beku

biberon për lëngje

botol bayi

rubinet

paip

tualet

bilik air

ngrohje
pemanasan
peshqirë
tuala
dush
mandi
perde dushi
tirai mandi
vaskë me shkumë
mandi buih
vaskë
tab mandi
gotë
gelas
lavatriçe
mesin basuh
rubinet
paip
pllaka
jubin
oturak
tandas
lavaman
sinki

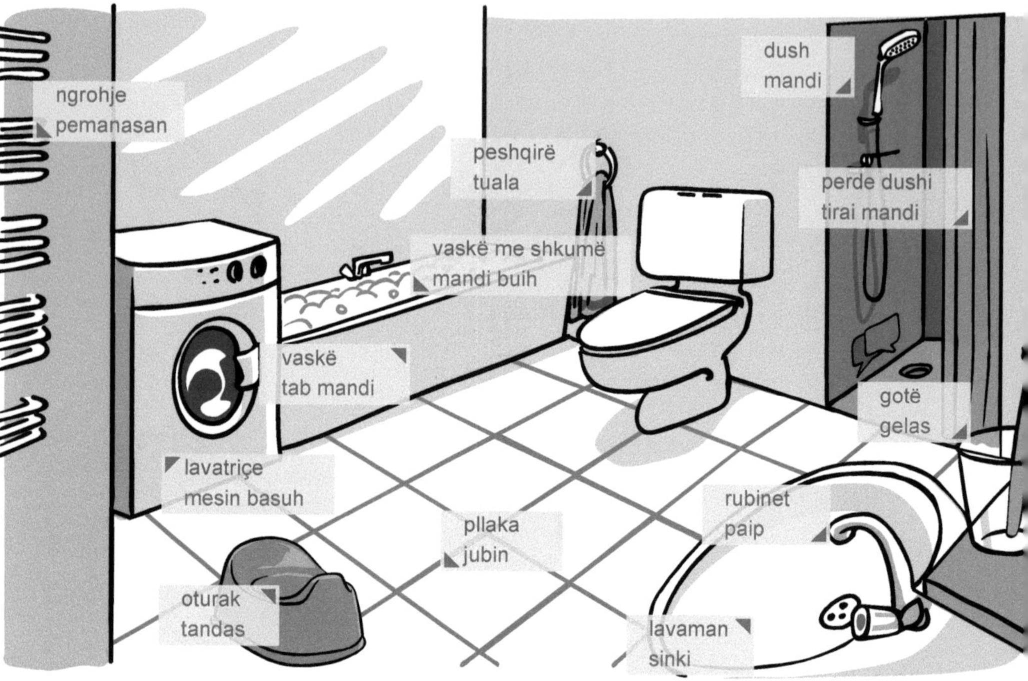

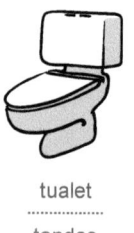

tualet
....
tandas

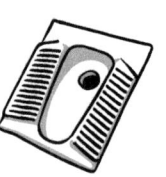

WC e sheshtë
....
tandas mencangkung

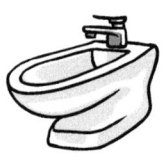

bide
....
mangkuk tandas

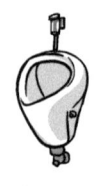

tualet publik
....
tandas awam

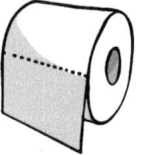

letër higjienike
....
kertas tandas

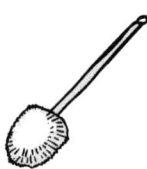

furçe për WC
....
berus tandas

furçë dhëmbësh

berus gigi

pastë dhëmbësh

ubat gigi

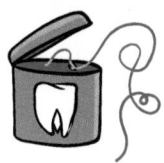

fije dentare

flos gigi

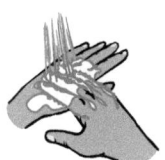

laj

cuci

dorezë dushi

mandian tangan

larës për zonën intime

pancuran

legen

besen

furçë për masazh shpine

belakang berus

sapun

sabun

shampo trupi

gel mandian

shampo

syampu

leckë pastruese

flanel

kullues

longkang

krem

krim

antidjersë

deodoran

pasqyrë
cermin

pasqyrë dore
cermin tangan

brisk rroje
pisau cukur

shkumë rroje
busa cukur

locion pas rrojes
selepas cukur

krehër
sikat

furçë
berus

tharëse flokësh
pengering rambut

llak për flokët
semburan rambut

grim
mekap

buzëkuq
gincu

manikyr
varnis kuku

mbushje pambuku
bulu kapas

gërshërë për thonj
gunting kuku

parfum
pewangi

...ntë për sendet personale

beg basuhan

Stol

bangku

peshore

skala berat

robëdëshambër

jubah mandi

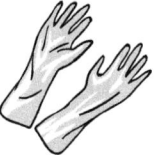

dorashka gome

sarung tangan getah

tampon

kapas

peceta higjienike

tuala wanita

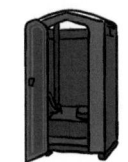

tualet I lëvizshëm

tandas kimia

tualet - bilik air

dhomë fëmijësh
bilik kanak-kanak

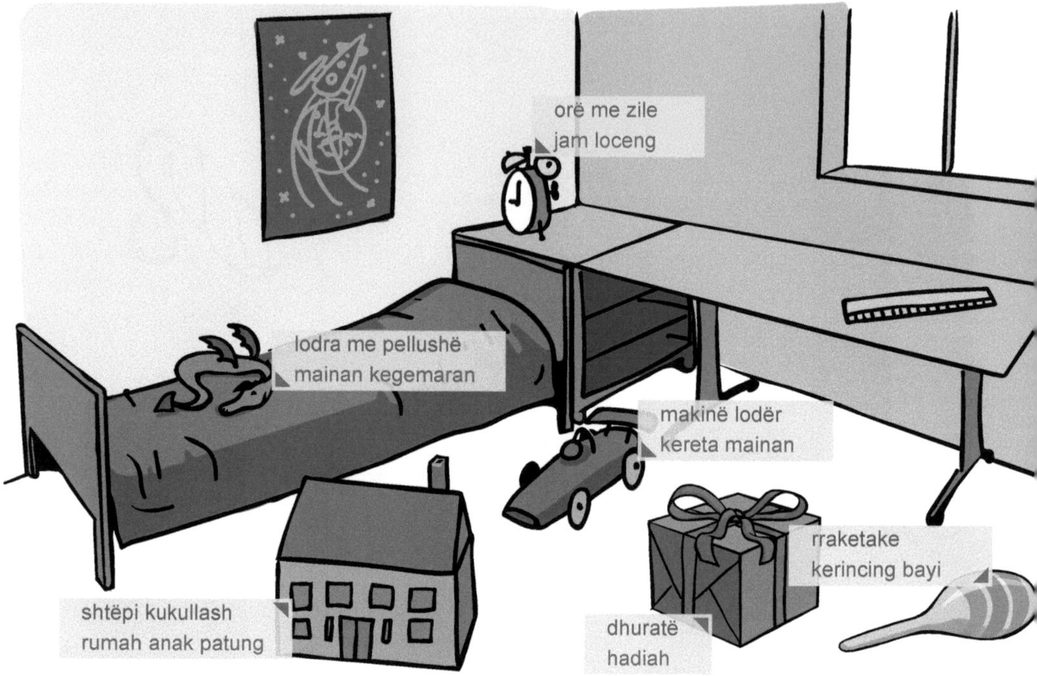
orë me zile
jam loceng
lodra me pellushë
mainan kegemaran
makinë lodër
kereta mainan
rraketake
kerincing bayi
shtëpi kukullash
rumah anak patung
dhuratë
hadiah

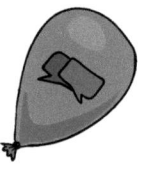

tollumbace
belon

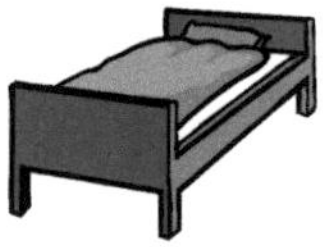

krevat
katil

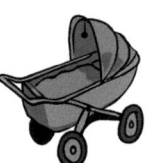

karrocë fëmijësh
kereta sorong bayi

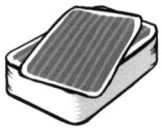

lojë me letra
set kad

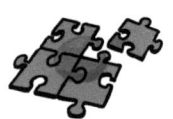

bashkim pjesësh me figura
susun suai gambar

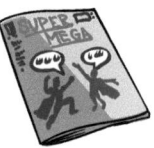

komik
komik

formuese lodër

batu bata lego

kuba plastikë

blok mainan

lodra

figura aksi

badi

baju bayi

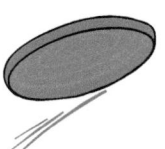

frizbi

frisbee

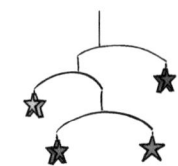

lodra të varura tek krevati i fëmijëve

mainan bayi mudah alih

tavolinë lojërash

permainan papan

zare

dadu

model treni

set model kereta api

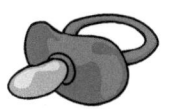

biberon

palsu

festë

parti

libër me ilustrime

buku bergambar

top

bola

kukull

anak patung

luaj

main

grumbull rëre

lubang pasir

kolovarëse

buai

lodra

mainan

leva për lojra video

konsol permainan video

triçikël

basikal roda tiga

arush prej pellushi

anak patung beruang

garderobë

almari pakaian

veshje

pakaian

çorape

stoking

çorape të gjata

stoking

geta

ketat

shall
skarf

çadër
payung

bluzë pa jakë
kemeja-t

eselamatan

çizme
but

pantofla
selipar

atlete
kasut sukan

sandale
sandal

këpucë
kasut

çizme llastiku
but getah

të mbathura
seluar dalam

reçipeta
coli

kanotierë
ves

veshje - pakaian

45

trup

badan

pantallona

Seluar panjang

xhinse

jean

fund

skirt

bluzë

blaus

këmishë

kemeja

pulovër

baju panas sarung

triko

sweater

xhaketë

blazer

xhaketë

jaket

pallto

kot

mushama shiu

baju hujan

kostum

kostum

fustan

pakaian

fustan nusërie

baju pengantin

kostum

sut

këmishë nate

baju tidur

pizhama

baju tidur

sari (veshje tradicionale indiane)

sari

shami koke

skarf kepala

çallmë

serban

eshje për femrat e besimit musliman

burqa

kaftan (lloj veshjeje tradicionale)

kaftan

ferexhe

abaya/jubah

kostum banje

baju renang

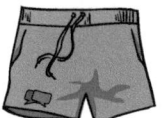

rroba banje

seluar renang

pantallona të shkurtra

seluar pendek

tuta sporti

sut balapan

përparëse

apron

dorashka

sarung tangan

kopsë

butang

syze

cermin mata

byzylyk

gelang tangan

gjerdan

rantai leher

unazë

cincin

vath

subang

kapuç

topi

varëse për pallto

penyangkut kot

kapele

topi

kravatë

tali leher

zinxhir

zip

helmetë

topi keledar

tiranda

pendakap

uniformë shkolle

uniform sekolah

uniformë

seragam

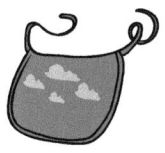

gushore

lapik dada

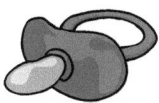

biberon

palsu

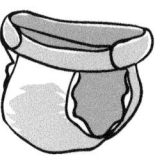

pelenë

lampin

zyrë

pejabat

server
pelayan
skedar
kabinet fail
printer
mesin pencetak
letër
kertas
ekran
monitor
tavolinë
meja
maus
tetikus
dosje
folder
tastierë
papan kekunci
kosh letrash
bakul sampah
kompjuter
komputer
karrige
kerusi

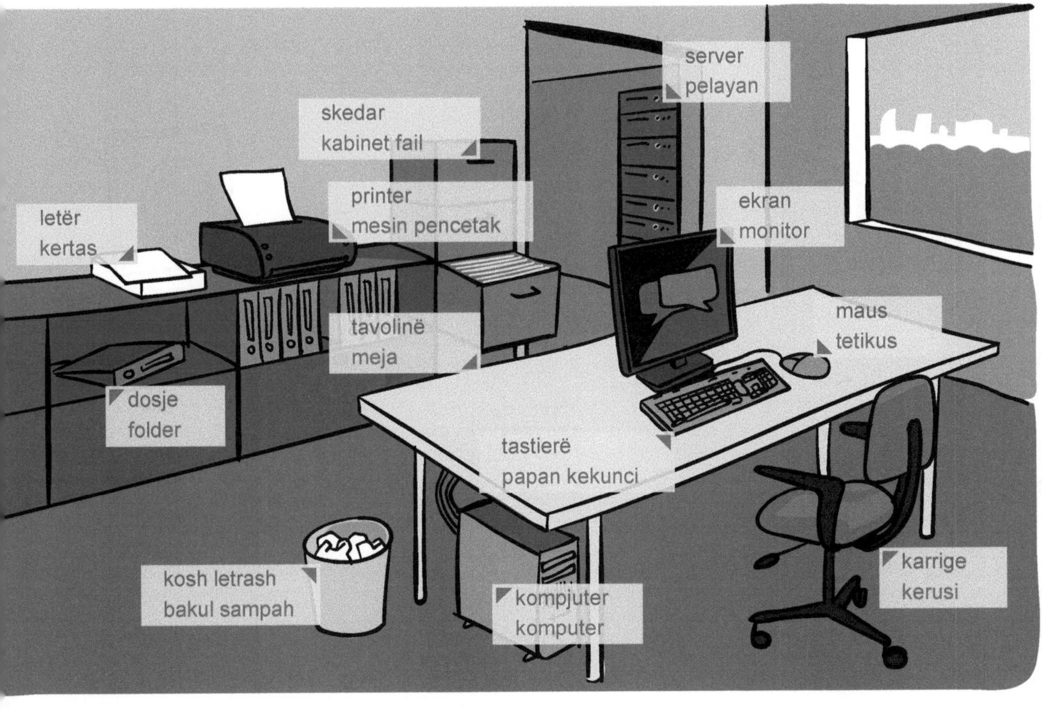

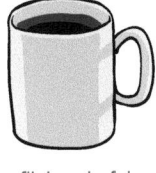

filxhan kafeje

cawan kopi

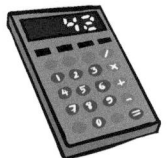

makinë llogaritëse

kalkulator

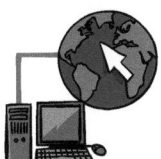

internet

internet

kompjuter portativ

komputer riba

letër

surat

mesazh

mesej

telefon

mudah alih

rrjet

rangkaian

fotokopje

mesin fotokopi

program

perisian

telefon

telefon

prizë

soket plag

pajisje faksi

mesin faks

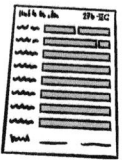

formular

bentuk

dokument

dokumen

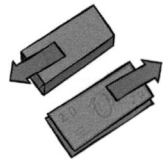

blej

beli

paguaj

bayar

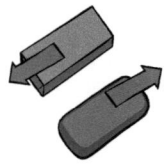

tregtoj

berdagang

para

wang

 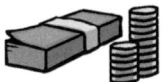

dollar

dolar

euro

euro

jen

yen

rubla

rubel

franga zvicerane

franc swiss

juani kinez

renminbi yuan

rupje

rupee

bankomat

mata tunai

pikë këmbimi valutor

pejabat tukaran mata wang

ar

emas

argjend

perak

nafta

minyak

energji

tenaga

çmim

harga

kontratë

kontrak

taksë

cukai

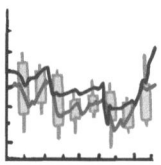

aksione

stok

punoj

kerja

punonjës

pekerja

punëdhënës

majikan

fabrikë

kilang

dyqan

kedai

oficer policie
pegawai polis

zjarrfikës
ahli bomba

kuzhinier
tukang masak

mjek
doktor

pilot
juruterbang

kopshtar

tukang kebun

marangoz

tukang kayu

rrobaqepëse

tukang jahit

gjykatës

hakim

kimist

ahli kimia

aktor

pelakon

shofer autobuzi

pemandu bas

taksist

pemandu teksi

peshkatar

nelayan

pastruese

wanita pencuci

riparues çatish

kasau

kamarier

pelayan

gjuetar

pemburu

piktor

pelukis

furrxhi

bakeri

elektriçist

juruelektrik

ndërtues

pembangun

inxhinier

jurutera

kasap

penjual daging

hidraulik

tukang paip

postieri

posmen

ushtar

askar

arkitekt

arkitek

arkëtar

juruwang

luleshitës

kedai bunga

berber

pendandan rambut

kontrollor

konduktor

mekanik

mekanik

kapiten

kapten

dentist

doktor gigi

shkencëtar

ahli sains

rabin

tuhanku

imam

imam

murg

sami

klerik

paderi

mjete
alat

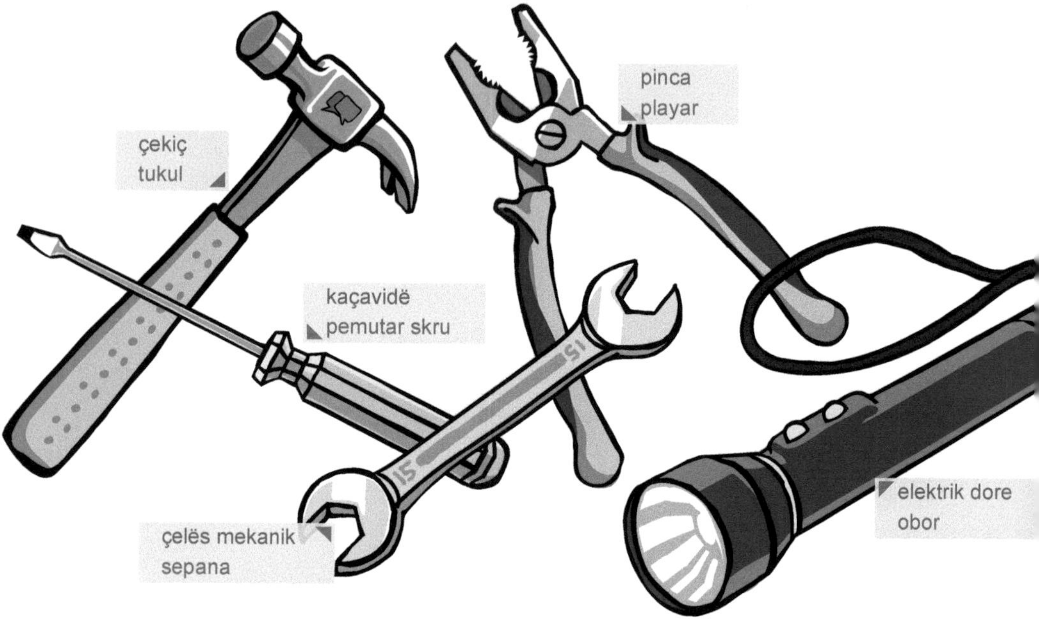

çekiç
tukul
pinca
playar
kaçavidë
pemutar skru
elektrik dore
obor
çelës mekanik
sepana

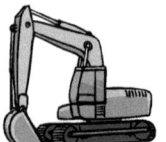

ekskavator

pengorek

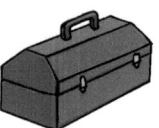

kuti veglash

kotak peralatan

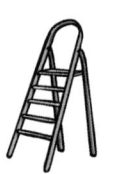

shkallë

tangga

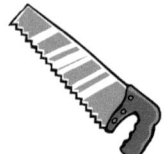

sharrë

gergaji

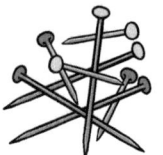

gozhdë

kuku

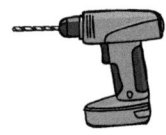

trapan

gerudi

riparoj
....
baiki

lopatë
....
penyodok

Dreq!
....
Celaka!

kaci
....
penadah sampah

kuti boje
....
periuk cat

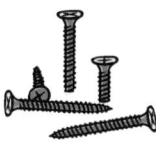

vidhë
....
skru

instrumenta muzikorë
alat muzik

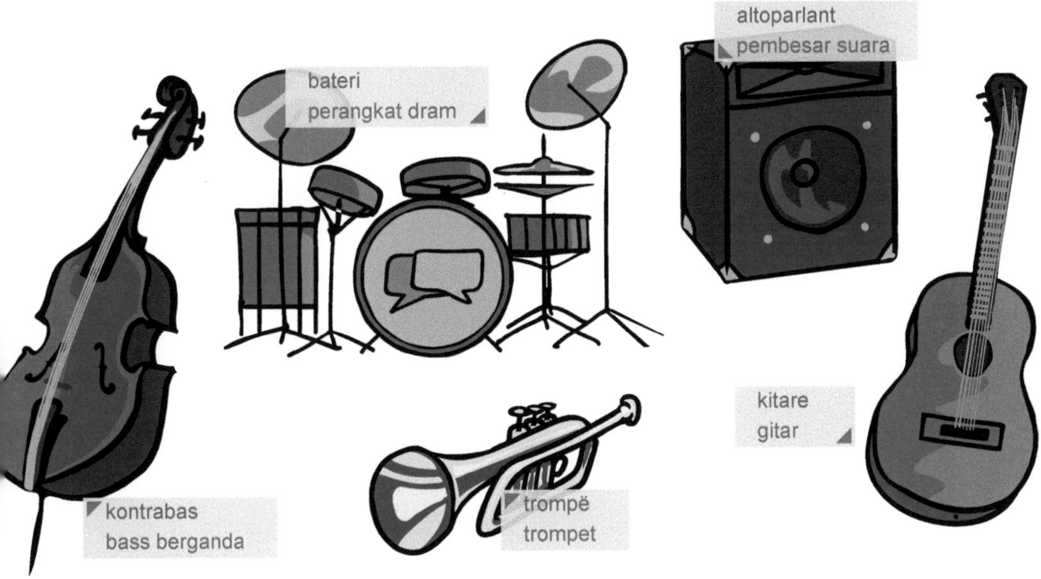

altoparlant
pembesar suara

bateri
perangkat dram

kontrabas
bass berganda

trompë
trompet

kitare
gitar

piano
piano

violinë
biola

bas
bass

tamburë
timpani

daulle
dram

tastierë pianoje
papan kekunci

saksofon
saksofon

flaut
seruling

mikrofon
mikrofon

kopsht zoologjik

zoo

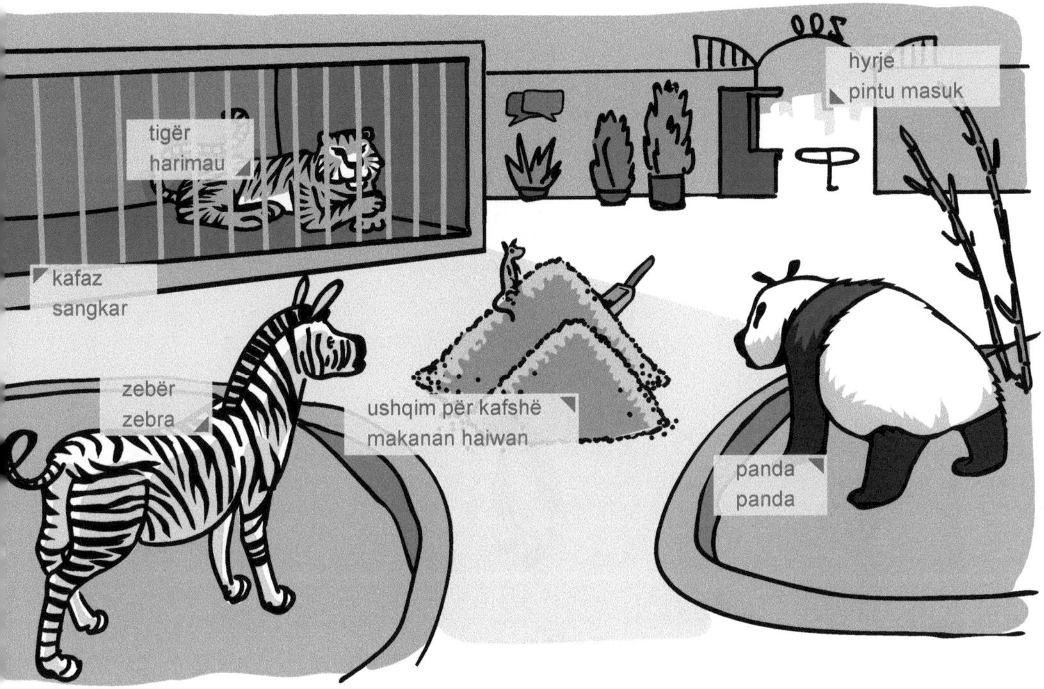

hyrje
pintu masuk
tigër
harimau
kafaz
sangkar
zebër
zebra
ushqim për kafshë
makanan haiwan
panda
panda

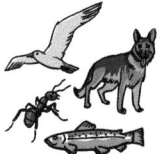

kafshë

haiwan

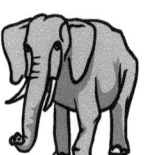

elefant

gajah

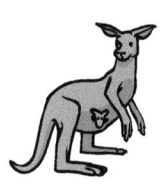

kangur

kanggaru

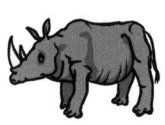

rinoceront

badak sumbu

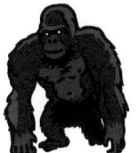

gorillë

gorila

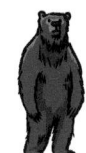

ari

beruang

deve

unta

struc

burung unta

luan

singa

majmun

monyet

flamingo

flamingo

papagall

nuri

ari polar

beruang kutub

pinguin

penguin

peshkaqen

yu

pallua

merak

gjarpër

ular

krokodil

buaya

punonjës i kopshtit zoologjik

penjaga zoo

fokë

anjing laut

xhaguar

jaguar

kopsht zoologjik - zoo

poni
kuda

leopard
harimau

hipopotam
badak air

gjirafë
zirafah

shqiponjë
helang

derr i egër
babi jantan

peshk
ikan

breshkë
penyu

lopë deti
anjing laut

dhelpër
musang

gazelë
rusa

futboll amerikan
bola sepak Amerika

çiklizëm
berbasikal

tenis
tenis

basketboll
bola keranjang

not
renang

boks
tinju

hokej mbi akull
hoki ais

futboll	badminton	atletikë
bola sepak	badminton	olahraga
hendboll	ski	polo
bola baling	ski	polo

aktivitet
aktiviti

qesh
ketawa
hidhem
lompat
përqafoj
peluk
eci
berjalan
këndoj
menyanyi
ëndërroj
mimpi
lutem
berdoa
puth
cium

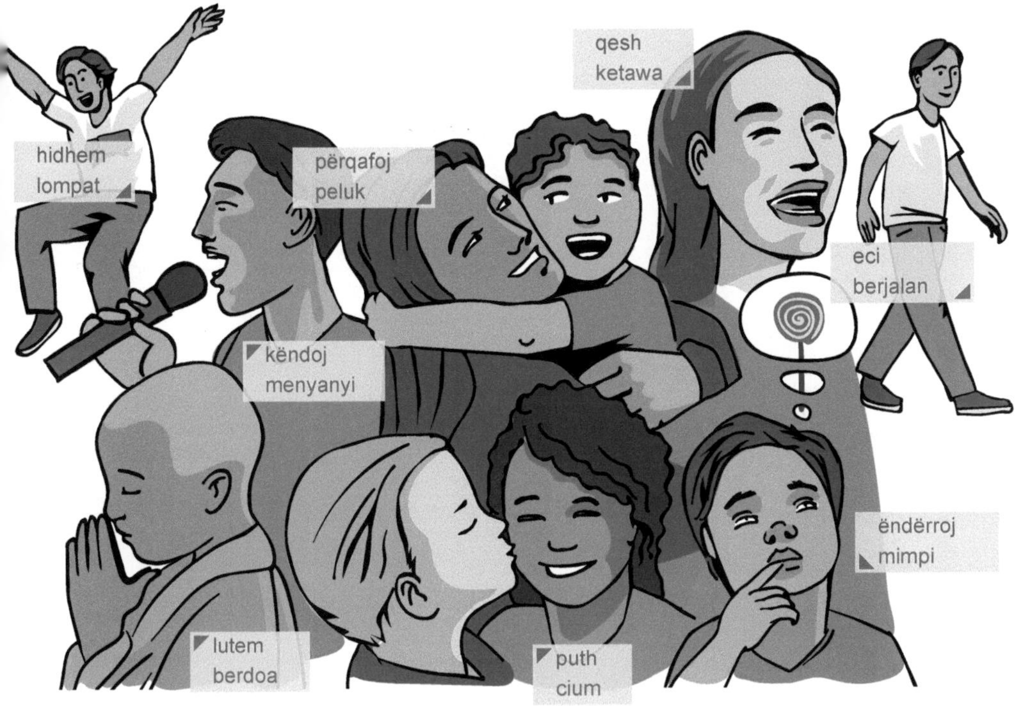

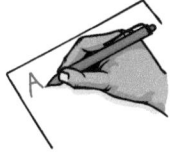

shkruaj

tulis

vizatoj

lukis

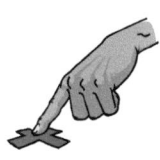

tregoj

tunjuk

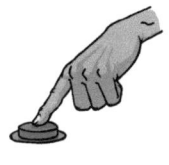

shtyj

tolak

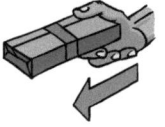

jap

beri

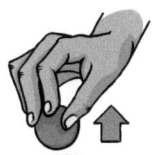

marr

ambil

kam
ada

bëj
buat

jam
ialah

qëndroj
berdiri

vrapoj
lari

tërheq
tarik

hedh
buang

bie
jatuh

shtrihem
tipu

pres
tunggu

mbaj
bawa

ulem
duduk

vishem
pakai

fle
tidur

zgjohem
bangkit

shikoj

lihat pada

qaj

menangis

përkëdhel

strok

kreh

sikat

bisedoj

cakap

kuptoj

faham

kërkoj

tanya

dëgjoj

dengar

pi

minum

ha

makan

sistemoj

mengemas

dashuroj

sayang

gatuaj

masak

drejtoj makinën

pandu

fluturoj

terbang

aktivitet - aktiviti

lundroj

belayar

llogaris

kira

lexoj

baca

mësoj

belajar

punoj

kerja

martohem

nikah

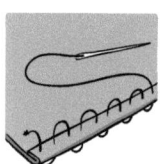

qep

jahit

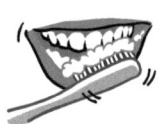

laj dhëmbët

memberus gigi

vras

bunuh

tymos

asap

dërgoj

hantar

gjyshe
nenek

gjysh
datuk

baba
bapa

nënë
ibu

bebe
bayi

vajzë
anak perempuan

djalë
anak lelaki

mysafir

tetamu

teze, hallë

mak cik

dajë, xhaxha

pak cik

vëlla

abang

motër

kakak

trupi

badan

balli
dahi
syri
mata
shpatulla
bahu
gishti
jari
fytyra
muka
mjekra
dagu
dora
tangan
këmba
kaki
krahërori
dada
krahu
lengan

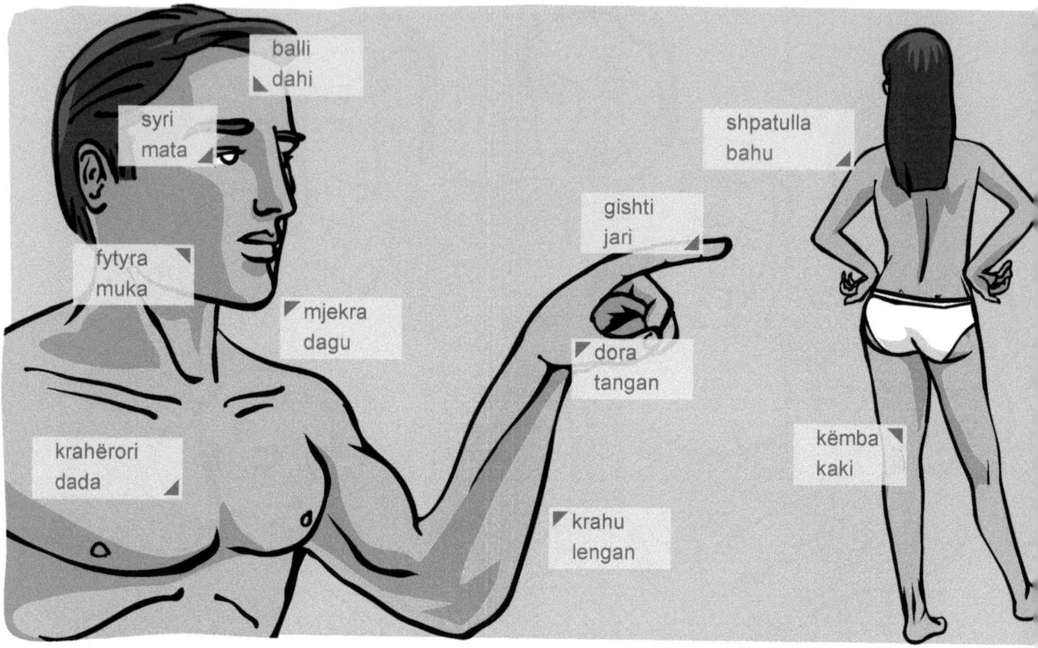

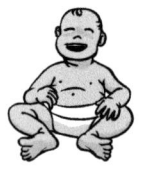

bebe

bayi

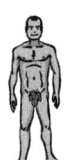

burrë

lelaki

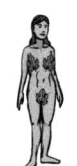

grua

wanita

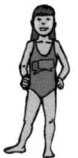

vajzë

perempuan

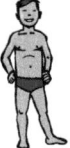

djalë

lelaki

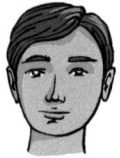

koka

kepala

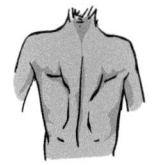

shpina

belakang

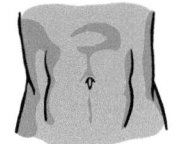

barku

bawah perut

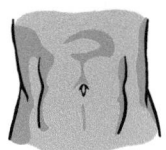

kërthiza

pusat

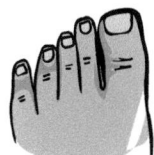

gisht këmbe

jari kaki

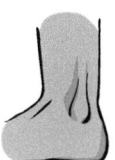

Thembra

tumit

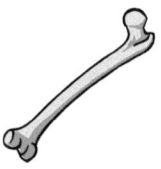

kockë

tulang

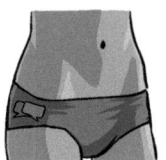

legeni

pinggul

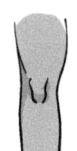

gjuri

lutut

bërryli

siku

hunda

hidung

vithe

bawah

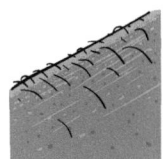

lëkura

kulit

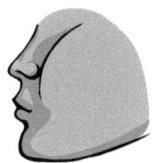

faqja

pipi

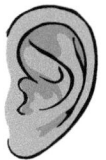

veshi

telinga

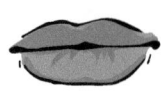

buza

bibir

goja

mulut

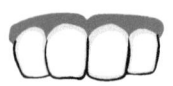

dhëmbët

gigi

gjuha

lidah

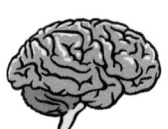

truri

otak

zemra

hati

muskul

otot

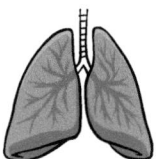

mushkëria

paru-paru

mëlçia

hati

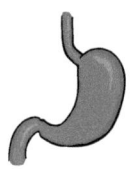

stomaku

perut

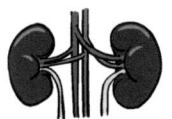

veshka

buah pinggang

seks

seks

prezervativ

kondom

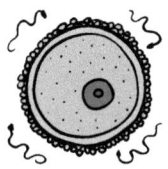

veza

faraj

sperma

mani

shtatëzani

mengandung

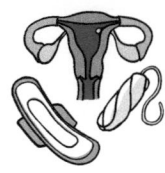

menstruacione
....
haid

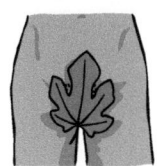

vagina
....
faraj

penis
....
penis

vetulla
....
kening

flokët
....
rambut

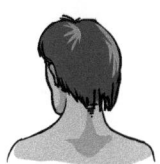

qafa
....
leher

spital
hospital

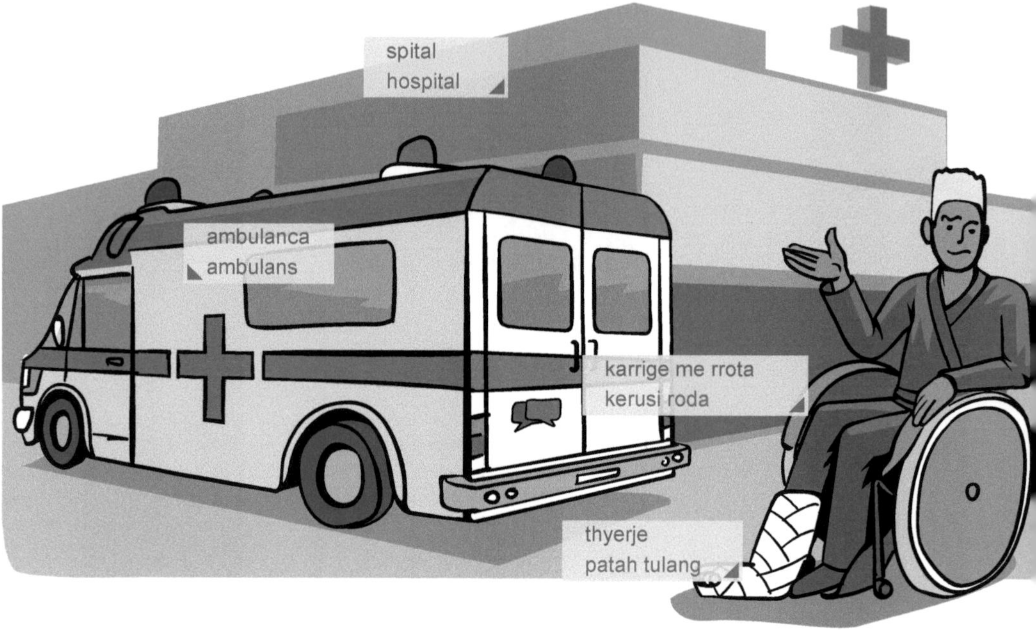

spital
hospital
ambulanca
ambulans
karrige me rrota
kerusi roda
thyerje
patah tulang

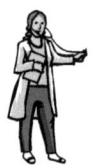

mjek

doktor

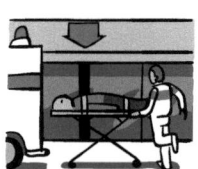

sallë urgjencash

bilik kecemasan

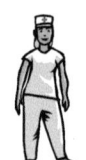

infermiere

jururawat

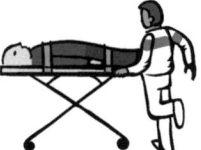

emergjencë

kecemasan

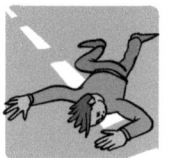

i pandërgjegjshëm

tak sedar

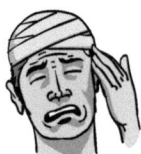

dhimbje

sakit

dëmtim

kecederaan

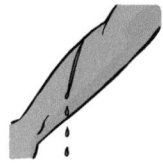

gjakosje

pendarahan

infarkt

serangan jantung

goditje

strok

alergji

alergi

kolla

batuk

ethe

demam

grip

selesema

diarre

cirit-birit

dhimbje koke

sakit kepala

kancer

kanser

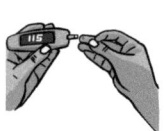

diabet

diabetes

kirurg

pakar bedah

bisturi

pisau bedah

operacion

pembedahan

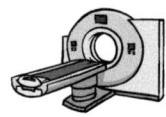

CT (skaner)
CT

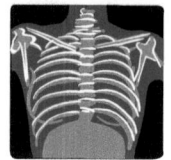

radiografi
x-ray

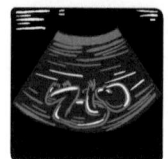

ultratingull
ultrabunyi

maskë fytyre
topeng muka

sëmundje
penyakit

dhomë pritjeje
bilik menunggu

paterica
penongkat

leukoplast
plaster

fasho
pembalut

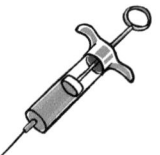

injeksion
suntikan

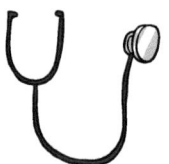

stetoskop
stetoskop

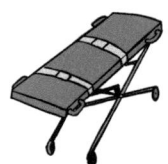

barelë
pengusung

termometër
termometer klinik

lindje
kelahiran

mbipeshë
berat badan berlebihan

aparat dëgjimi

alat pendengaran

dezinfektant

disinfektan

infeksion

jangkitan

virus

virus

HIV / AIDS

HIV / AIDS

mjekësi, mjekim

perubatan

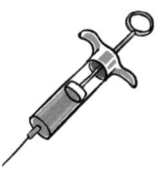

vaksinim

vaksinasi

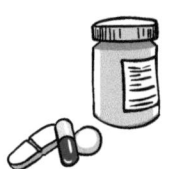

tableta

tablet

pilulë

pil

telefonatë emergjence

panggilan kecemasan

aparat tensioni

pantau tekanan darah

i sëmurë / i shëndetshëm

sakit / sihat

Ndihmë!

Tolong!

alarm

penggera

sulm

serang

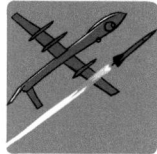

atak

serangan

rrezik

bahaya

dalje emergjence

pintu kecemasan

Zjarr!

Api!

fikëse zjarri

alat pemadam api

aksident

kemalangan

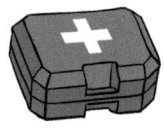

kuti e ndimës së shpejtë

alat pertolongan cemas

SOS

SOS

policia

polis

Europa

Eropah

Amerika e Veriut

Amerika Utara

Amerika e Jugut

Amerika Selatan

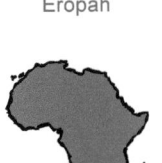

Afrika

Afrika

Azia

Asia

Australia

Australia

Atlantiku

Atlantic

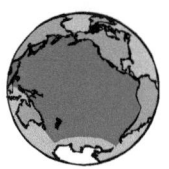

Paqësori

Pasifik

Oqeani Indian

Lautan Hindi

Oqeani Antarktik

Lautan Antartik

Oqeani Arktik

Lautan Artik

Poli i veriut

Kutub utara

Poli i Jugut

Kutub Selatan

Antarktida

Antartika

toka

bumi

tokë

tanah

det

laut

ishull

pulau

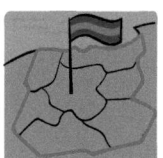

komb

negara

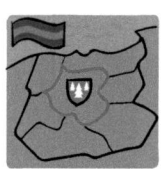

shtet

negeri

fusha e orës

muka jam

akrepi i orës

tangan jam

akrepi i minutave

tangan minit

akrepi i sekondave

terpakai

Sa është ora?

Jam berapa sekarang

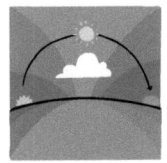

ditë

hari

kohë

masa

tani

sekarang

orë dixhitale

jam digital

minutë

minit

orë

jam

javë
minggu

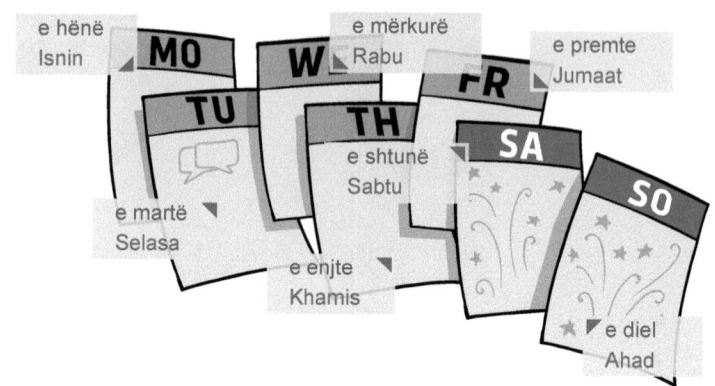

e hënë
Isnin

e mërkurë
Rabu

e premte
Jumaat

e martë
Selasa

e shtunë
Sabtu

e enjte
Khamis

e diel
Ahad

dje
....
semalam

sot
....
hari ini

nesër
....
esok

mëngjes
....
pagi

mesditë
....
tengah hari

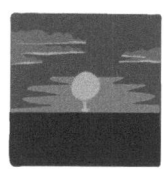

mbrëmje
....
petang

ditë pune
....
hari kerja

fundjavë
....
hari minggu

vit

tahun

ylber
pelangi
shi
hujan
borë
salji
erë
angin
pranverë
musim bunga
vjeshtë
musim luruh
verë
musim panas
dimër
musim salji

4.APRIL 11°
5.APRIL 4°
6.APRIL 13°
7.APRIL 8°
8.APRIL 10°

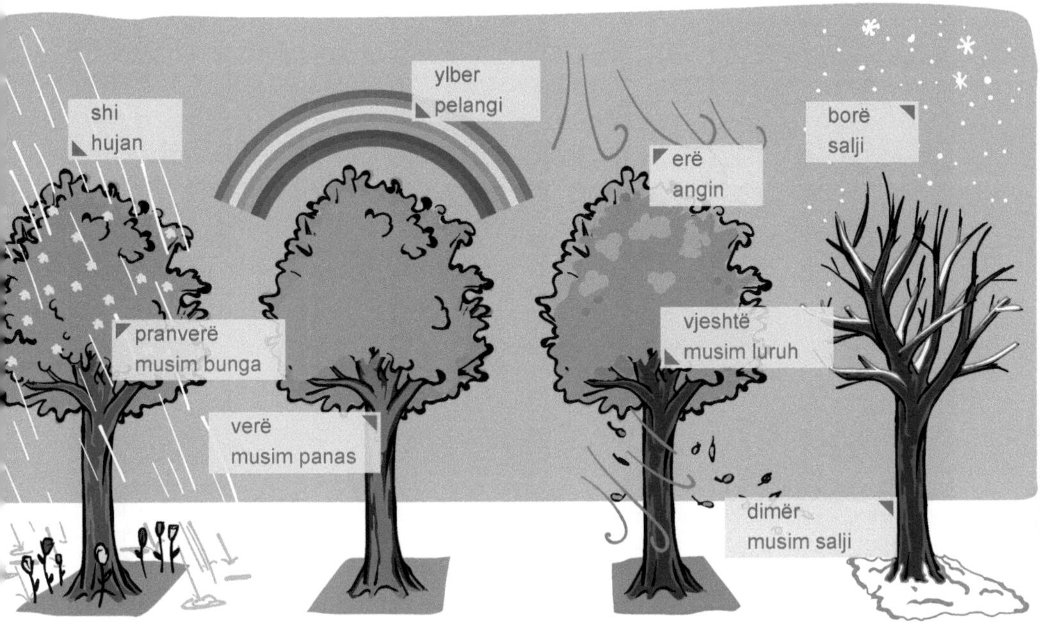

parashikimi i motit

ramalan cuaca

F
C
120
90
60
30
0
-30
40
30
20
10
0
-10
-20

termometër

termometer

ndriçim dielli

sinar matahari

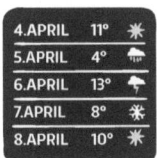

re

awan

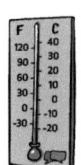

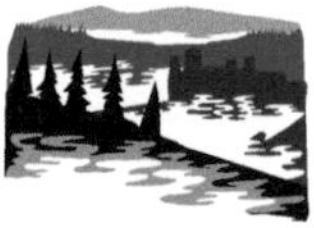

mjegull

kabus

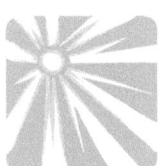

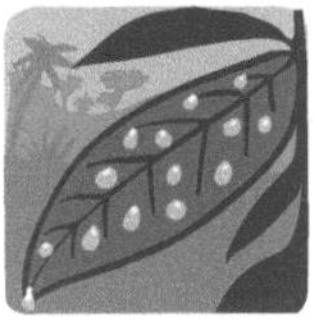

lagështi

lembapan

vetëtima

kilat

gjëmim

petir

stuhi

ribut

breshër

hujan batu

muson

monsun

përmbytje

banjir

akull

ais

janar

Januari

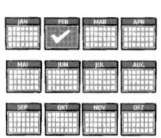

shkurt

Februari

mars

Mac

prill

April

maj

Mei

qershor

Jun

korrik

Julai

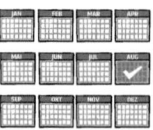

gusht

Ogos

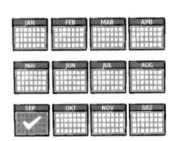

shtator

September

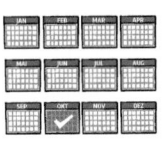

tetor

Oktober

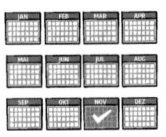

nëntor

November

dhjetor

Disember

forma
bentuk

rreth

bulatan

katror

petak

drejtkëndësh

segi empat tepat

trekëndësh

segitiga

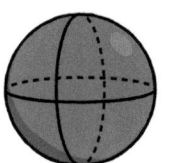

sferë

sfera

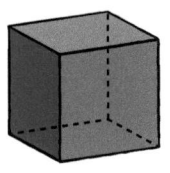

kub

kiub

e bardhë

putih

e verdhë

kuning

portokalli

oren

rozë

merah jambu

e kuqe

merah

vjollcë

ungu

blu

biru

e gjelbër

hijau

kafe

coklat

gri

kelabu

e zezë

hitam

shumë / pak

banyak / sedikit

i nevrikosur / i qetë

marah / tenang

i bukur / i shëmtuar

cantik / hodoh

fillim / fund

bermula / tamat

i madh / i vogël

besar kecil

i ndritshëm / i errët

terang / gelap

vëlla / motër

abang / kakak

e pastër / e pistë

bersih / kotor

e plotë / jo e plotë

lengkap / tidak lengkap

ditë / natë

hari / malam

gjallë / vdekur

mati / hidup

i gjerë / i ngushtë

luas / sempit

i ngrënshëm / i pangrënshëm
boleh dimakan / tidak boleh dimakan

i keq / i këndshëm
jahat / baik

i lumtur / i mërzitur
teruja / bosan

i shëndoshë / i dobët
gemuk / kurus

e para / e fundit
pertama / terakhir

mik / armik
kawan / musuh

plot / bosh
penuh / kosong

e fortë / e butë
keras / lembut

e rëndë / e lehtë
berat / ringan

uri / etje
lapar / dahaga

i sëmurë / i shëndetshëm
sakit / sihat

e paligjshme / e ligjshme
menyalahi undang-undang / undang-undang

i zgjuar / budalla
pintar / bodoh

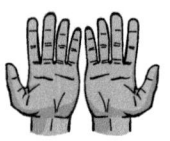

majtas / djathtas
kiri / kanan

afër / larg
dekat / jauh

e re / e përdorur
baru / lama

asgjë / diçka
tiada / sesuatu

i moshuar / i ri
tua / muda

ndezur / fikur
hidup / mati

hapur / mbyllur
terbuka / tertutup

i qetë / i zhurmshëm
diam / bising

i pasur / i varfër
kaya / miskin

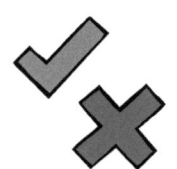

e drejtë / e gabuar
betul / salah

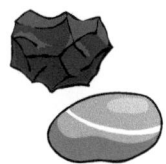

i ashpër / i butë
kasar / halus

i mërzitur / i lumtur
sedih / gembira

i shkurtër / i gjatë
pendek / panjang

ngadalë / shpejt
lambat / laju

i lagësht / i thatë
basah / kering

ngrohtë / freskët
panas / sejuk

luftë / paqe
berperang / berdamai

0

zero

sifar

1

një

satu

2

dy

dua

3

tre

tiga

4

katër

empat

5

pesë

lima

6

gjashtë

enam

7

shtatë

tujuh

8

tetë

lapan

9

nentë

sembilan

10

dhjetë

sepuluh

11

njëmbëdhjetë

sebelas

12

dymbëdhjetë

dua belas

13

trembëdhjetë

tiga belas

14

katërmbëdhjetë

empat belas

15

pesëmbëdhjetë

lima belas

16

gjashtëmbëdhjetë

enam belas

17

shtatëmbëdhjetë

tujuh belas

18

tetëmbëdhjetë

lapan belas

19

nentëmbëdhjetë

Sembilan belas

20

njëzetë

dua puluh

100

qind

ratus

1.000

mijë

ribu

1.000.000

milion

juta

gjuhët
bahasa-bahasa

anglisht

Bahasa Inggeris

anglishte amerikane

Bahasa Inggeris Amerika

kinezisht mandarin

Bahasa Cina Mandarin

hindi

Bahasa Hindi

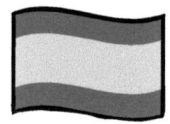

spanjisht

Bahasa Sepanyol

frëngjisht

Bahasa Perancis

arabisht

Bahasa Arab

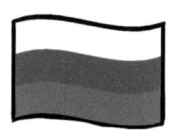

rusisht

Bahasa Rusia

portugalisht

Bahasa Portugis

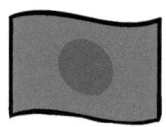

bengalisht

Bahasa Benggali

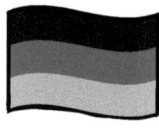

gjermanisht

Bahasa Jerman

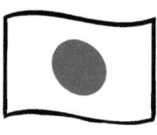

japonisht

Bahasa Jepun

unë

saya

ti

anda

ai / ajo

dia / dia / ia

ne

kita

ju

anda

ata

mereka

kush?

siapa?

çfarë?

apa?

si?

bagaimana?

ku?

di mana?

kur?

bila?

emër

nama

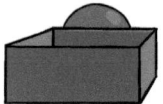

pas

belakang

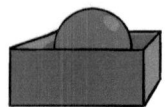

në

dalam

përballë

di hadapan

sipër

lebih

mbi

pada

poshtë

di bawah

pranë

bersebelahan

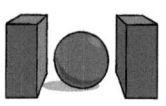

midis

antara

vend

tempat